# Lesen ler

# ABC

# 26 Geschichten für junge Leser

Klara Herzog

# Inhaltsverzeichnis

## Vorwort

Liebe kleine Leser und Leserinnen,

herzlich willkommen zu einem aufregenden Abenteuer – dem Abenteuer des ersten Lesens! In diesem Buch werden wir gemeinsam die wunderbare Welt der Buchstaben erkunden und ihre Geheimnisse lüften.

Jeder Buchstabe birgt eine faszinierende Geschichte, die in Reimen erzählt wird. Die Geschichten sind wie kleine Fenster, durch die ihr in die Welt des Lesens blicken könnt. Ihr werdet auf Buchstaben treffen, die euch bekannt vorkommen, und solche, die euch vielleicht noch neu sind. Doch keine Sorge, gemeinsam werden wir jeden Buchstaben kennenlernen und verstehen.

Die Geschichten werden durch farbenfrohe und liebevoll gestaltete Bilder lebendig. Diese begleiten euch, während ihr die Buchstaben entdeckt und die Welt des Lesens erobert.

Aber das ist nicht alles!

Am Ende jeder Geschichte warten drei Fragen darauf, von euch beantwortet zu werden.

Diese Fragen sollen eure Fantasie anregen und euch helfen, das Gelesene zu vertiefen.

Also schnappt euch euer Lieblingsplätzchen zum Lesen, öffnet die erste Seite und lasst uns gemeinsam in die zauberhafte Welt des ersten Lesens eintauchen.

**Viel Spaß beim Entdecken und Lernen!**

# Ameise Anton

Ameise Anton krabbelt flink durch den
Garten hin und winkt.
Er sucht nach einem Blatt so fein, um es ins
Nest zu tragen, fein.

Wo krabbelt Ameise Anton?
Was sucht er?
Wohin will er es tragen?

# Bär Bruno

Bär Bruno geht durch den Wald.
Er sucht nach Honig, süß und klar, für seine
Vorratskammer in diesem Jahr.

Wo geht Bär Bruno?
Was sucht er?
Wohin will er ihn tragen?

# Clown Carlo

Clown Carlo hüpft fröhlich
durch das Zirkuszelt.
Der Zirkus ist ja seine Welt.
Er findet dort einen schönen Hut
und der steht ihm besonders gut.

Wo hüpft Clown Carlo?
Was ist seine Welt?
Was findet Clown Carlo?

# Drache Daniel

Drache Daniel wohnt im Wald der Zwerge.
Er fliegt oft über die Berge. Da findet er
einen kleinen Zwerg, allein. Drache Daniel
bringt ihn zu seiner Familie heim.

Wo wohnt Drache Daniel?
Wo fliegt er?
Was findet Drache Daniel?

## Eule Emily

Eule Emily fliegt allein
in die schöne Sommernacht hinein.
Mit ihren scharfen Äugelein
sieht sie weit in den Wald hinein.

Mit wem fliegt Eule Emily?
Wann fliegt sie?
Wohin sieht Eule Emily?

# Frosch Felix

Frosch Felix macht einen großen Satz und nimmt auf einer Seerose Platz. Dort quakt er stolz und laut, denn er hat sich einen weiten Sprung getraut.

Wohin springt Frosch Felix?
Was macht er dort?
Was hat er sich getraut?

# Giraffe Greta

Giraffe Greta geht im Wald spazieren. Sie ist die größte von den Tieren. Sie sucht am Baum nach einem Blatt, das macht sie glücklich und auch satt.

Wo geht Giraffe Greta spazieren?
Was isst Giraffe Greta?
Was sucht sie?

# Hase Hans

Hase Hans hoppelt geschwind
durch die Wiese, fröhlich gesinnt.
Denn er bekommt Karotten von seiner
Mutter, das ist sein absolutes
Lieblingsfutter.

Wo hoppelt Hase Hans?
Was bekommt er?
Was ist sein Lieblingsfutter?

# Igel Ingo

Igel Ingo wandert leise
durch das Laub, auf seine Weise.
Er sucht nach einem Apfelstück
und findet bald eins, welch ein Glück.

Wie wandert Igel Ingo?
Wo wandert er?
Was findet Igel Ingo?

## Jaguar Jonas

Jaguar Jonas spielt Verstecken und hofft, dass seine Freunde ihn nicht entdecken. Er versteckt sich hinter einem Baum, denn dort finden sie ihn kaum.

Was spielt Jaguar Jonas?

Was hofft er?

Wo versteckt sich Jaguar Jonas?

# Katze Klara

Katze Klara hat ein Ziel, sie sucht ein neues Spiel.
Sie findet einen Ball. Damit zu spielen, gefällt ihr auf jeden Fall.

Was hat Katze Klara?
Was findet sie?
Gefällt ihr das neue Spiel?

# Löwe Leo

Löwe Leo brüllt so laut, wie es sich sonst niemand traut. Er schlief an einem schattigen Ort und setzt jetzt seine Reise fort.

Was kann Löwe Leo?
Wo schlief er?
Was macht Löwe Leo jetzt?

# Maus Mia

Maus Mia, flink und klein, läuft schnell ins Haus hinein. Dort findet sie, so ein Glück, ein sehr großes Käsestück.

Was ist Maus Mia?
Wohin läuft sie?
Was findet Maus Mia?

# Nashorn Nils

Nashorn Nils stampft schwer
durch den Dschungel, hin und her.
Er findet einen Teich zum Baden. Diesen
suchte er seit Tagen!

Wo stampft Nashorn Nils?
Was findet er?
Wie lange sucht Nashorn Nils?

# Otter Olaf

Otter Olaf sucht geschwind, wo denn seine
Freunde sind.
Er findet sie bald an ihrem Lieblingsort im
Wald.

Wen sucht Otter Olaf?
Muss er lange suchen?
Wo findet Otter Olaf sie?

# Pinguin Paul

Pinguin Paul schwimmt hin und her, durch das tiefe kalte Meer.
Abends schwimmt er wieder heim, um bei seiner Familie zu sein.

Was macht Pinguin Paul?
Wann schwimmt er heim?
Warum schwimmt er heim?

# Qualle Quirin

Qualle Quirin schwimmt ganz sacht durch das Wasser in der Nacht. Er sucht nach Freunden, groß und klein, um nicht mehr allein zu sein.

Wo schwimmt Qualle Quirin?
Wann schwimmt er?
Was sucht Qualle Quirin?

# Reh Rudi

Reh Rudi hüpft ganz sacht durch den Wald,
bei Tag und Nacht.
Er ist dabei lustig und froh, das macht er
schon seit Jahren so.

Wo hüpft Reh Rudi?
Wann hüpft er?
Wie lange macht er das schon?

# Schildkröte Sonja

Schildkröte Sonja krabbelt leise durch die
Wiese, auf ihre Weise.
Sie findet einen ruhigen Ort und setzt ihr
Mittagsschläfchen fort.

Wo krabbelt Schildkröte?
Was findet sie?
Was macht sie dort?

# Tiger Tom

Tiger Tom genießt den Tag und macht alles, was er mag.

Er sucht nach einem hohen Baum, denn Klettern ist sein größter Traum.

Was macht Tiger Tom?

Was sucht er?

Was ist sein größter Traum?

# Uhu Udo

Uhu Udo fliegt ganz leise auf seiner
nächtlichen Reise.
Er findet einen schönen Stamm, wo er am
Morgen schlafen kann.

Was macht Uhu Udo?
Was findet er?
Wann schläft Uhu Udo?

# Vogel Viktor

Vogel Viktor fliegt geschwind
durch die Luft, leicht wie der Wind. Er will
nach kleinen Zweigen schauen. Die braucht
er, um sein Nest zu bauen.

Was macht Vogel Viktor?
Was sucht er?
Warum sucht Vogel Viktor?

# Wal Wilhelm

Wal Wilhelm schwimmt im Meer
durch die Wellen, hin und her.
Er ist nicht gern allein, darum schwimmt er
zu seiner Familie heim.

Was macht Wal Wilhelm?
Was ist er nicht gern?
Wohin schwimmt Wal Wilhelm?

# Xylofon Xaver

Xylofon Xaver spielt zum Glück heute unser Lieblingsstück. Die Musik klingt wunderbar, das ist allen Zuhörern klar.

Was spielt Xylofon Xaver?
Wie klingt die Musik?
Wem gefällt die Musik?

# Yak Yannik

Yak Yannick stapft geschwind, egal ob Sonne oder Wind. Er hat ein neues Tal gefunden und will es nun ausführlich erkunden.

Was macht Yak Yannik?
Was findet er?
Was will er im Tal?

# Zebra Zara

Zebra Zara hat viel Spaß beim Spielen im hohen Gras. Sie hat sich dort sehr gut versteckt und wird von niemandem entdeckt.

Wo spielt Zebra Zara?
Wo versteckt sie sich?
Wer findet Zebra Zara?

# Ausmalen von

## BIS

Alle Bilder auch als
Download verfügbar

# Hilf Ameise Anton das Blatt zu finden

# Wie findet Löwe Leo sein schattiges Plätzchen?

# Wo kann Zebra Zara sich verstecken?

# Haftungsausschluss

## Impressum

© Klara Herzog 2024

ISBN: 9798884280939

Kontakt:

Markus Mägerle /Am Kreisgraben 17

93104 Riekofen

Printed in Great Britain
by Amazon

39576131R00046